Cute Girl's Closet

이설 작가는 만화학과 전공 후, 작가의 유니크한 취향을 가득 반영한 일러스트를 선보이는 '설기일러스트' 브랜드를 운영 중입니다. 또한 서브컬처와 스트리트 패션에 대한 관심을 기반으로, 유튜버로도 활동하고 있습니다. 평범한 일상에 핑크빛 한 스푼을 더하여 솜사탕처럼 달콤하고 사랑스러운 경험을 안겨 주고 싶어 책을 제작하게 되었습니다. 이 책을 소장하시는 모든 분의 하루하루가 특별하길 바랍니다♥

1판 1쇄 인쇄 2024년 12월 15일 | 1판 1쇄 발행 2024년 12월 25일

지은이 설기일러스트(설기) | **발행처** 학산문화사 | **발행인** 정동훈 | **편집인** 여영아
편집 김지현, 김학림, 김상범, 변지현 | **디자인** 김지수 | **제작** 김종훈, 한상국
등록 1995년 7월 1일 제3-632호 | **주소** 서울시 동작구 상도로 282
전화 편집 문의 02-828-8823, 8826 영업 문의 02-828-8962 | **팩스** 02-823-5109
홈페이지 http://www.haksanpub.co.kr

©2024 Seolkee_Illust. All Rights Reserved.

ISBN 979-11-411-4901-7 17650 | ISBN 979-11-411-4899-7 (세트)

※ 이 책은 저작권법에 의해 보호를 받는 저작물이므로 저자와 출판사의 허락 없이
  내용의 전부 혹은 일부를 인용하거나 발췌하는 것을 금합니다.
※ 잘못 만들어진 책은 서점에서 바꿔 드립니다.

일러스튜디오

Cute Girl's Closet

Prologue

어떤 옷을 입어도
숨길 수 없는
설기의 통통 튀는
스타일링을 소개할게.

알록달록 입안에서 사르르 녹는
달콤한 하트 사탕과 폭신한 인형,
빈티지한 무드의 소녀가 되어 보고 싶어!

오늘은 패치워크로 수놓아진
폭신한 이불에서 잠들고 싶어.
무서운 꿈을 꿔도
인형 친구들이 지켜 줄 거야!

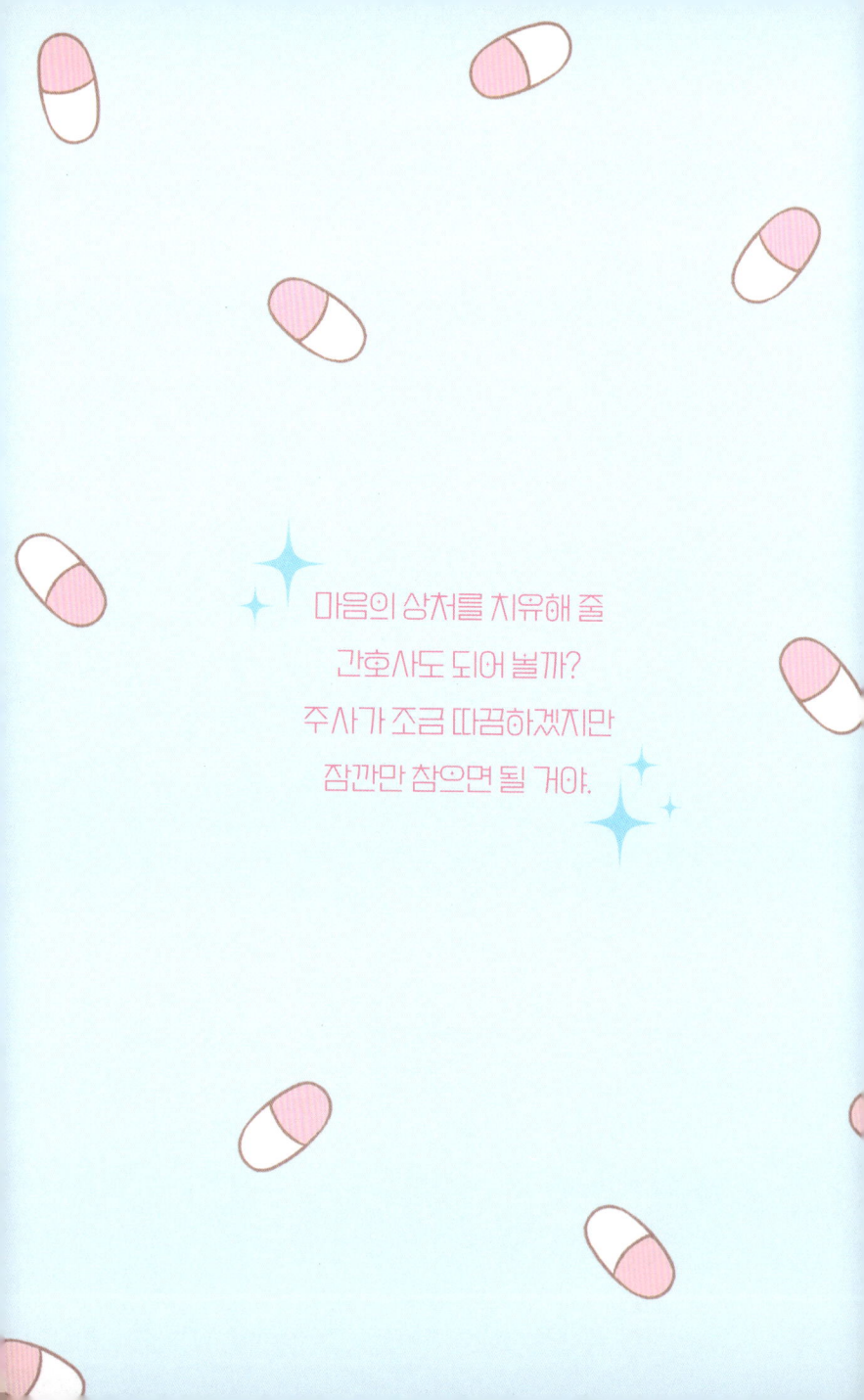

비비드한 핑크도 좋잖아?
왠지 깜찍하고 멋진 자유로운
펑크 록 스타가 되고 싶은 날!

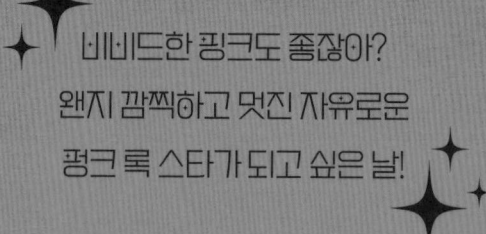

좋아하는 아이가 있으면
큐피드의 화살을 날려 보자!
하트 화살 한 방이면
누구라도 한눈에 반할걸!

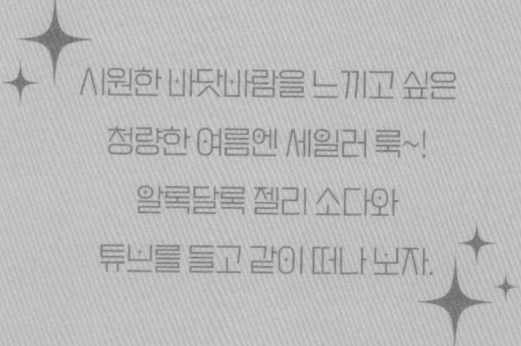

시원한 바닷바람을 느끼고 싶은
청량한 여름엔 세일러 룩~!
알록달록 젤리 소다와
튜브를 들고 같이 떠나 보자.

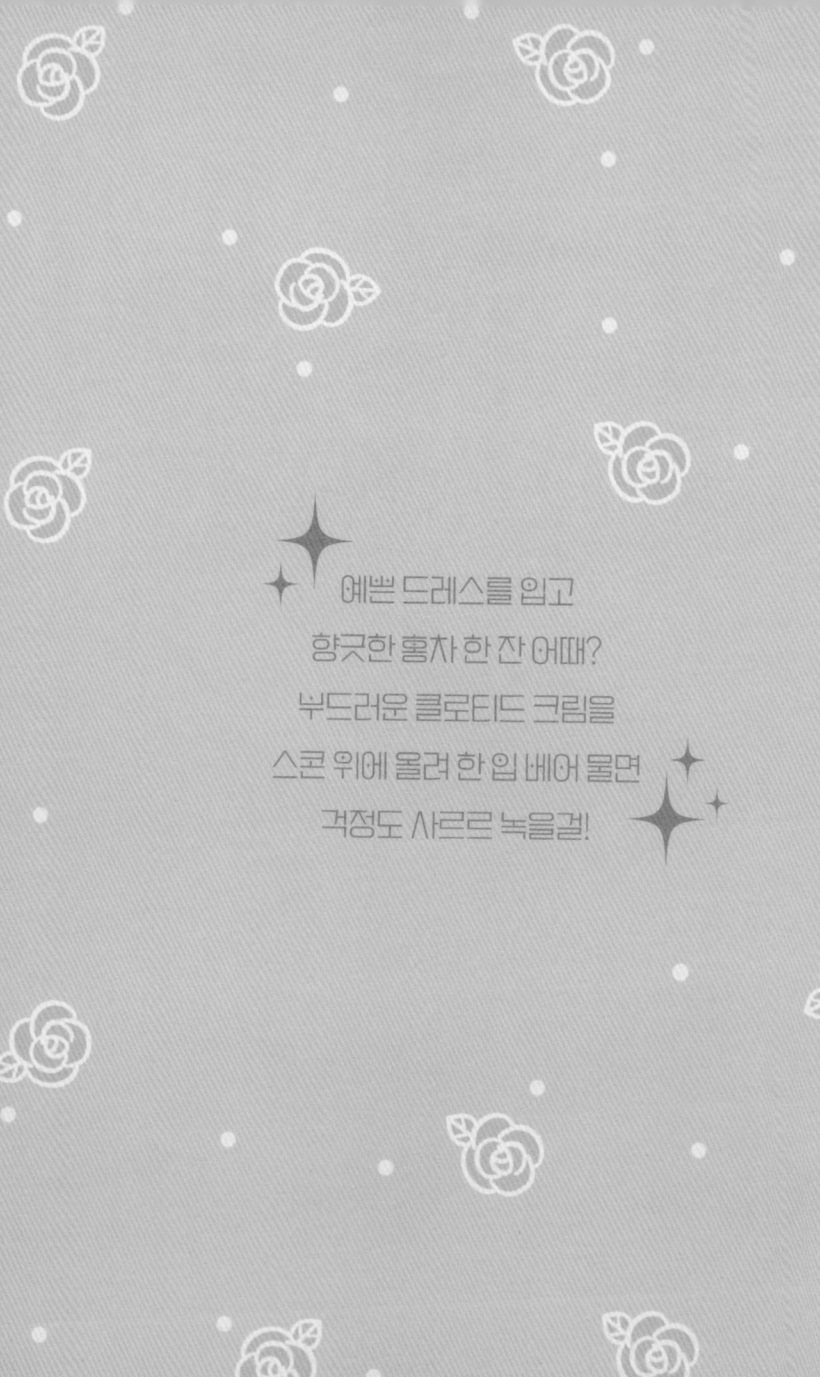

레트로한 다이너에 온 걸 환영해!
오늘의 설기 추천 메뉴는
달콤한 바나나 스플릿에
핑크 스트로베리 셰이크야!

피크닉 가기 좋은 살랑살랑한 날!
깅엄 체크 원피스와 밀짚모자를 쓰고
피크닉 도시락을 싸서
같이 공원에 가자!

설기의 깜찍하고
귀여운 옷장을 구경해 볼래?
네 마음을 사로잡은 스타일은
어떤 건지 궁금해.

엉뚱 발랄
하얀 토끼의 설기!
실수투성이여도
귀엽게 봐 줘!

하트마다 가득한 설기의 모습!
정말 사랑스럽지?
이 사랑스러움을 닮고 싶다면
자주 사용하는 물건에 하트를 붙여 봐.

Prologue

조용하지만 독특하고
신비한 흑미의 세계,
낯선 친구는 조금
쑥스러워할지도 몰라.

쿠키 앤 크림 같은 블랙과 화이트의 조합,
흑미의 최애 컬러 매치야!
깔끔하고 단정하지만 부드러운
레이스가 있어 심심하지 않다고.

사실 흑미는… 이름 모를 옛날 성에
잠들어 있던 유령일지도 몰라.
성안엔 가시 장미가 가득 피어 있으니
찔리지 않도록 조심해.

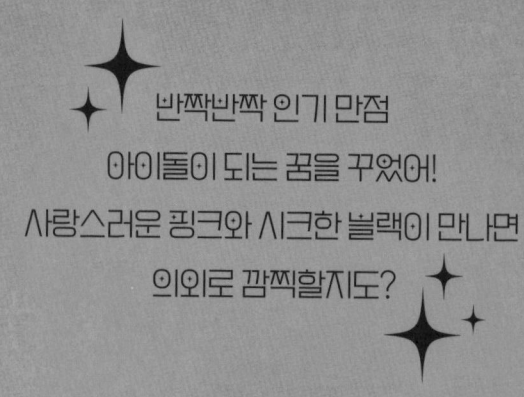

반짝반짝 인기 만점
아이돌이 되는 꿈을 꾸었어!
사랑스러운 핑크와 시크한 블랙이 만나면
의외로 깜찍할지도?

빙글빙글 하늘색 판다 버전은 어때★
유니크한 트레이닝 무드의 원피스도 입어 봤어.
이번엔 특별히 머리색도 조금
바꿔 보았다고 해!

흑미는 화이트와 핑크 생크림이 올라간
귀여운 케이크도 좋아해.
사실 최애 케이크는 꾸덕한
가또 초콜릿 케이크지만 말이야~

더운 여름엔 머리를 양쪽으로
돌돌 틀어 올린 만두 머리를 하고,
시원한 바다가 있는 휴양지에 놀러 가곤 해.
친구와 함께한다면 더할 나위 없이 즐겁지!

오늘은 양치 잘 했어?
만약 양치를 소홀히 한다면,
무시무시한 이빨 요정 간호사가 나타나서
따끔한 왕주사를 놓을 거야!

사실 비 오는 날이 기다려져.
귀여운 우비와 장화를 신고
찰박찰박 비 웅덩이를 밟으면
기분이 좋거든!

트릭 오어 트릿!
장난꾸러기 마녀로도 변신해 볼까?
마녀 흑미에게 달콤한 사탕을 주지 않으면
못된 장난을 칠 수도 있다고~

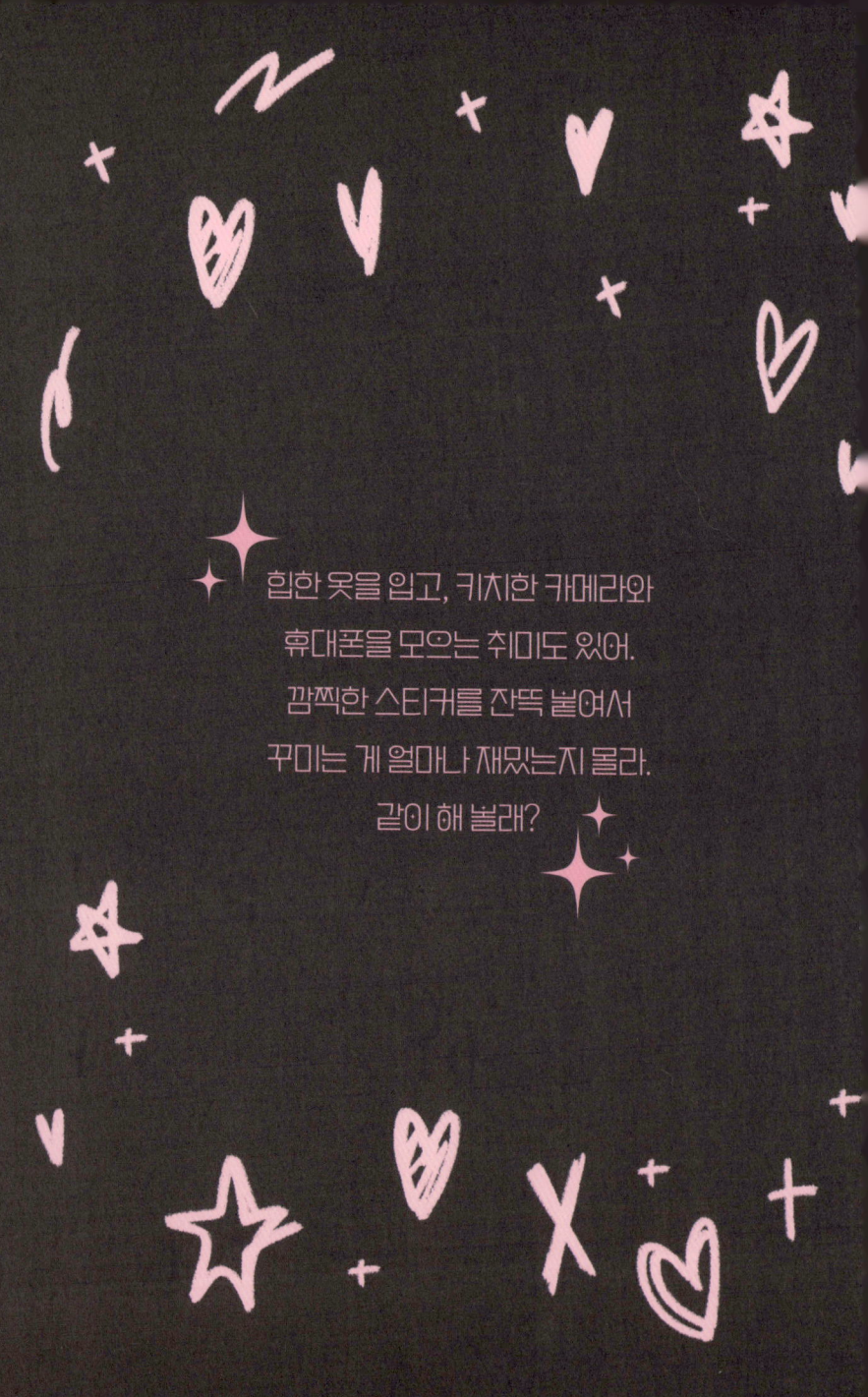

힙한 옷을 입고, 키치한 카메라와
휴대폰을 모으는 취미도 있어.
깜찍한 스티커를 잔뜩 붙여서
꾸미는 게 얼마나 재밌는지 몰라.
같이 해 볼래?

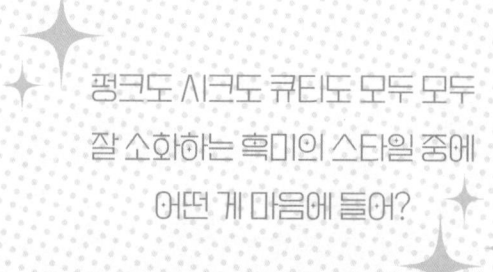

펑크도 시크도 큐티도 모두 모두
잘 소화하는 흑미의 스타일 중에
어떤 게 마음에 들어?

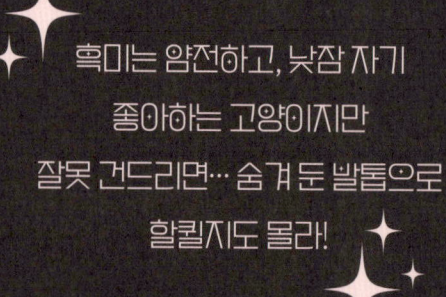

흑미는 얌전하고, 낮잠 자기
좋아하는 고양이지만
잘못 건드리면… 숨겨 둔 발톱으로
할퀼지도 몰라!

유니크한 흑미의 모습을
한번에 볼 수 있게 모아 봤어.
넌 어떤 별이 마음에 들어?

Prologue

부드러운 파스텔 무드에
귀여운 테마 한 스푼씩,
아기자기 사랑스러운
시루의 테마 ♥

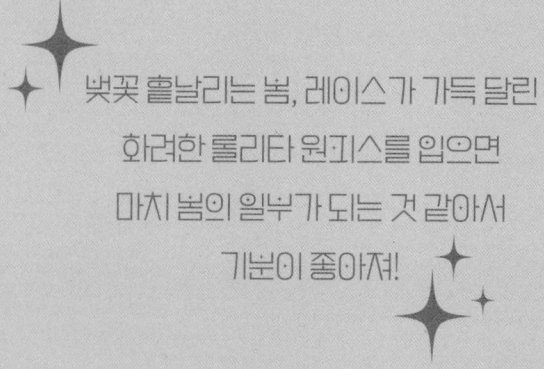

벚꽃 흩날리는 봄, 레이스가 가득 달린
화려한 롤리타 원피스를 입으면
마치 봄의 일부가 되는 것 같아서
기분이 좋아져!

파스텔 무지갯빛 꿈나라를
여행하고 있어!
풍신한 작은 날개로
꿈속 어디든지 날아갈 수 있어!

어릴 적 좋아했던 오르골 안에는
리본을 총총히 단 아름다운
발레리나가 있었지.
지금도 그 모습이 아련한
로망처럼 마음에 새겨져 있어.

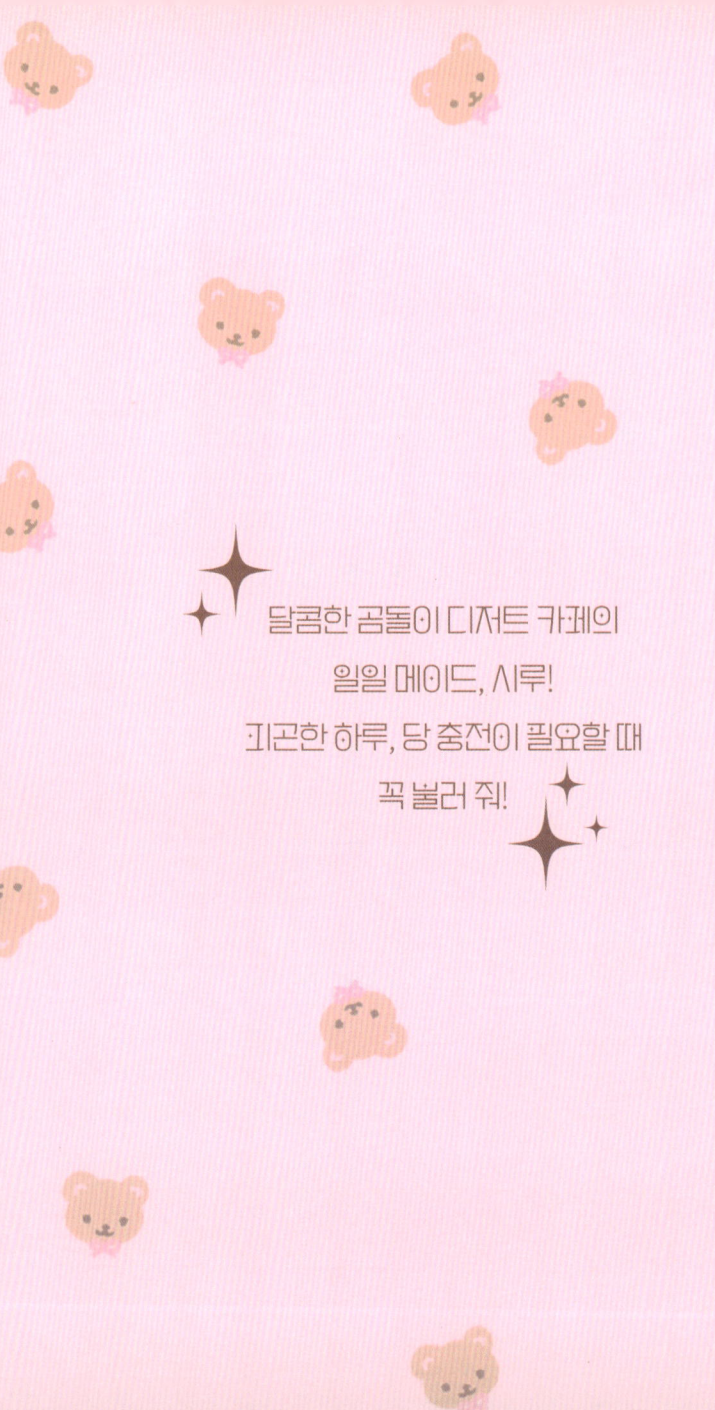

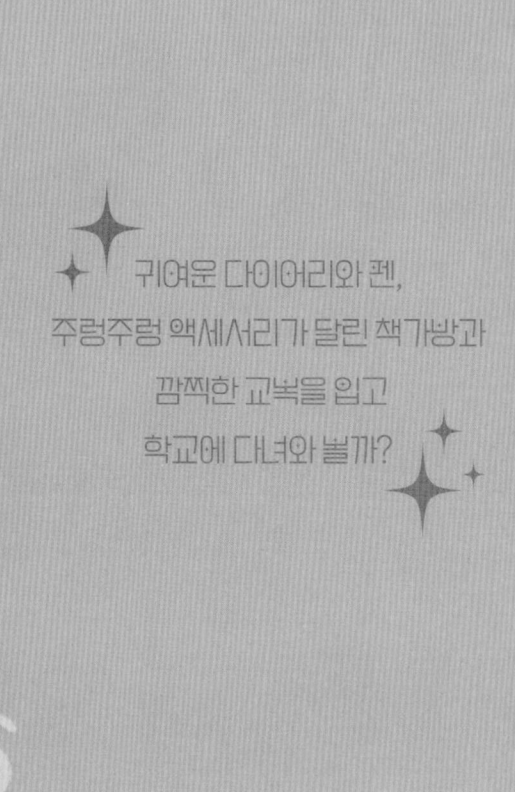

귀여운 다이어리와 펜,
주렁주렁 액세서리가 달린 책가방과
깜찍한 교복을 입고
학교에 다녀와 볼까?

시루의 소소한 취미는 바로
네 잎 클로버 모으기!
들판에서 눈을 크게 뜨고 찾으면
오늘의 작은 행운을 찾을 수 있어.

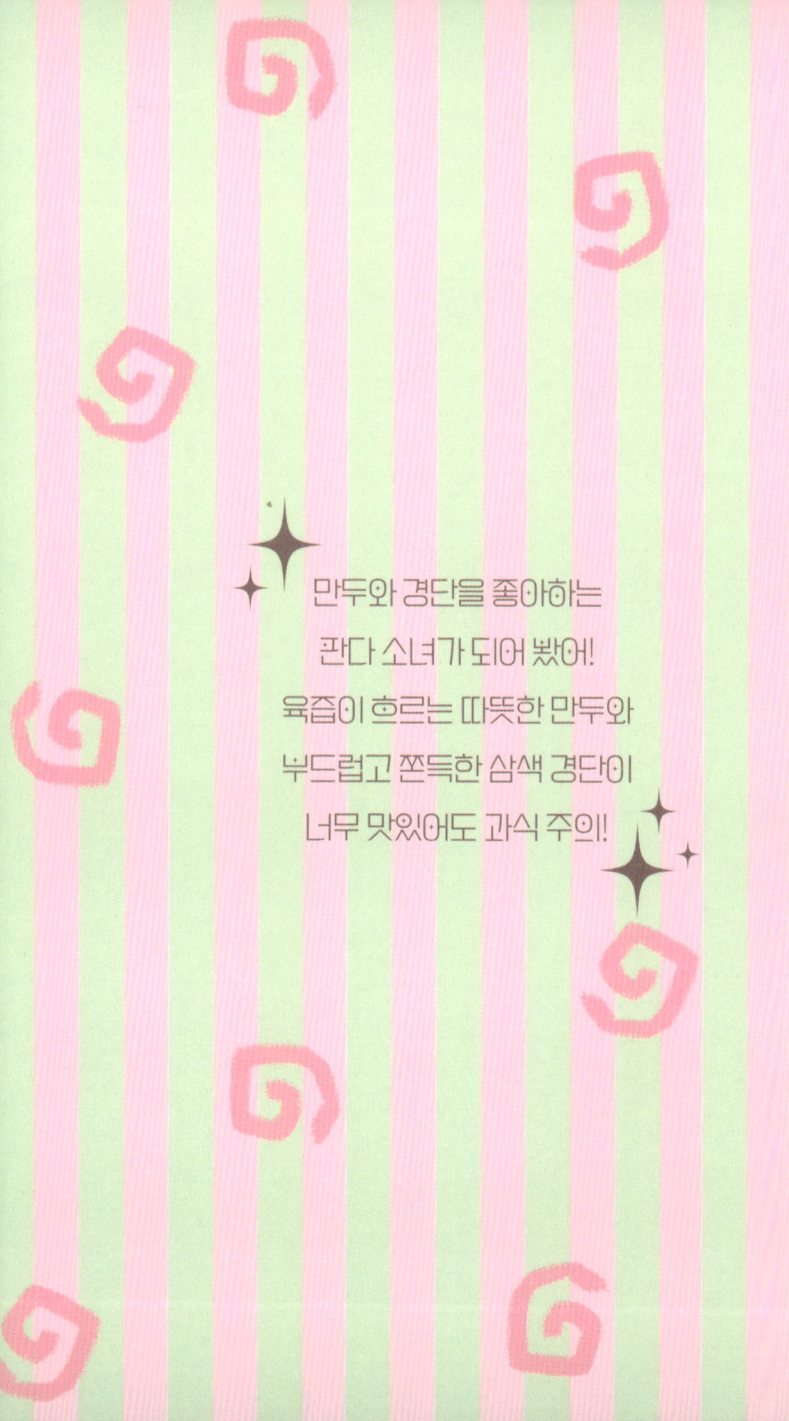

만두와 경단을 좋아하는
판다 소녀가 되어 봤어!
육즙이 흐르는 따뜻한 만두와
부드럽고 쫀득한 삼색 경단이
너무 맛있어도 과식 주의!

부활절을 맞이해서 나타난
알록달록 귀여운 이스터 버니를 찾아보자.
귀여운 포장지에 싸인 달걀을
예쁜 바구니에 넣어 줄게.

옛날 옛적 호랑이 담배 피던 시절부터
달나라에 살고 있던 시루 토끼를 만나 볼래?
방아 찧는 걸 도와준다면 소원 하나 정도는
쉽게 들어줄 지도 몰라!

어서 오세요,
시루의 핑크빛 메이드 카페!
깜찍한 오므라이스를 주문하면
사랑을 담아 귀여운 하트를
보내 줄게요.

꽃처럼 사랑스러운
시루의 모습 어땠어?
향기로운 시루의
모습을 골라 봐.

설기, 흑미, 시루!
달콤한 소녀들을
소개합니다!

SEOLKEE

호기심이 많고 발랄한 수다쟁이 소녀!
가끔 감정 기복이 크고, 머릿속에 꽃밭이 있는 것처럼
엉뚱한 이야기를 하지만…? 귀여우니까 괜찮아~
왁자지껄한 모임을 주도하는 포지션!
알록달록하고 채도 높은 팝 컬러를 좋아해.

좋아하는 것

스프링클이 올라간 달콤한 크림 컵케이크,
수다 떨기, 깜찍한 토끼 모양 소품 모으기

MBTI

ENFP

테마 키워드

#핑크 #옐로 #레트로 #다이너
#키치 #큐트 #하트 #토끼

HEUKMEE

약간 소심하지만 취향은 확실한, 조용해도 존재감은 뚜렷한 소녀!
종종 의기소침해질 땐 혼자 달콤하고 맛있는 디저트를 먹고,
포근한 이불에 뒹굴뒹굴거리다 보면 괜찮아져~
나가는 걸 귀찮아 하지만 친구들이 부르면 빠지지 않고 나와 주는 멋쟁이!
무채색인 흑백 컬러를 좋아하지만 종종 기분 전환을 위해 밝은 포인트를 쓰기도 해.

좋아하는 것

말랑 달콤한 푸딩 아라모드,
스티커로 다이어리 꾸미기

MBTI

INFP

테마 키워드

#블랙 #핼러윈 #펑크
#스타 #고양이 #퍼플

SIROO

겉으로는 부드러운 파스텔 무드의 무지개떡 같은
소녀이지만 사실 누구보다 내면이 단단한 소녀!
늘 상냥하게 웃는 표정이지만,
마냥 순두부 같지만은 않으니 조심해~
친구들의 고민을 잘 들어 주고 조언해 주는 포지션!
부드러운 파스텔톤 컬러를 좋아해.

좋아하는 것

귀여운 장식이 되어 있는 부드럽고 달콤한 생크림 케이크,
네 잎 클로버 모으기, 쇼룸에 예쁜 옷 사러 가기

MBTI

ENFJ

테마 키워드

#파스텔 핑크 #마시멜로우 #레이스
#크림 #토끼(롭이어) #꽃